DE

LA CORRUPTION

FACILE MOYEN

DE

LA RENDRE IMPOSSIBLE.

> Il est des gouvernements, qui s'efforcent de suppléer à la force par l'astuce et de corrompre les institutions qu'ils sont contraints de subir.
>
> GUIZOT.

Par le baron Charles de JANZÉ.

PRIX 25 CENTIMES.

PARIS,

LIBRAIRIE DE MADAME Vᵛᵉ GAUT,

4, Galeries de l'Odéon.

1848

1847

DE

LA CORRUPTION,

FACILE MOYEN DE LA RENDRE IMPOSSIBLE.

Que faut-il croire? la corruption est-elle une réalité ou un fantôme?

Si nous écoutons l'opposition de toutes les nuances, nous regarderons les conservateurs comme des gens sans honneur et sans probité, et nous leur conseillerons avec M. Odilon Barrot de simplifier leur système gouvernemental en apportant leurs balances d'épiciers sur le marché électoral, pour faire l'adjudication au dernier et plus offrant enchérisseur. Si au contraire nous croyons les conservateurs, nous serons persuadés que les hommes de l'opposition sont d'habiles intrigants qui, en grossissant quelques faits isolés, sont parvenus à effrayer le pays du fantôme mensonger de la corruption, et espèrent, grâce à cette arme de guerre, renverser le ministère actuel pour prendre sa place. Quant à nous, nous avouons qu'il nous répugne autant de croire à la mauvaise foi et à la vénalité de tout le parti conservateur, que de réduire aux mes-

quines proportions d'une intrigue de parti l'imposant
mouvement de réaction qui se manifeste aujourd'hui
dans le pays contre le système gouvernemental actuel.

Nous mettant successivement par la pensée à la
place de l'opposition, à la place des conservateurs,
nous comprenons cette double manière de voir ; et
nous pensons que l'opposition est de bonne foi quand
elle accuse les conservateurs d'être sciemment corrompus, que les conservateurs disent la vérité quand
ils répondent la main sur la conscience : non, *nous ne
nous sentons pas* corrompus. Oui, nous comprenons
que l'opposition, qui, avec la jalouse clairvoyance d'une
rivale dépossédée, embrasse la corruption dans ses
moindres détails et en découvre les conséquences les
plus éloignées, s'indigne et se révolte de voir les conservateurs poursuivre sans remords leurs déplorable
route! Oui, nous comprenons que dans sa colère elle
s'oublie jusqu'à les accuser d'avoir forfait à l'honneur,
d'avoir passé avec le ministère un marché impie et
trafiqué impudemment de la plus sainte chose, de
leur conscience. Mais nous comprenons aussi que ces
hommes, qui se rendent le témoignage d'être restés
probes dans leur vie politique comme dans leur vie
privée, et de n'avoir jamais trafiqué de leur vote pour
de l'argent ni même pour une faveur, s'indignent et se
révoltent à leur tour quand l'opposition les accuse
d'être des gens tarés, honteusement vendus, corps et
âme, au ministère.

En faut-il conclure qu'ils ne sont pas corrompus?
non certes, mais seulement qu'ils ne croient pas
l'être. Ils en sont arrivés là par une pente si douce,
ils se sont laissés aller si innocemment à l'influence

persuasive de la couronne ; qu'il ne faut vraiment
pas leur en vouloir de s'être laissé corrompre et de ne
pas le savoir. En effet, il n'est pas difficile de se figu-
rer quelles formes multiples cette syrène de la corruption a pu revêtir pour les séduire. Au temps
où nous vivons, quel est celui qui n'est pas lui-même
quelque peu fonctionnaire ou qui n'a pas au moins
un parent, un ami dans une quelconque de ces administrations dont l'immense réseau s'étend sur la
France entière? quel est celui qui n'a pas une fille,
une sœur, une nièce à doter; un gendre, un cousin
à caser quelque part; un fils de la plus grande espé-
rance, à qui une bourse ou même une demi-bourse
permettrait de recevoir cette éducation libérale qui
est la clef de toutes les carrières? Supposez, par impossible, qu'un homme des plus honnêtes, des plus désin-
téressés se trouve à l'abri de toutes ces préoccupations, sera-t-il bien étonnant qu'il ait une femme
désireuse de lui voir gravir quelques échelons de la
hiérarchie administrative ou cacher sa boutonnière
sous le ruban rouge ; une femme ou une fille qui
mette toute son ambition à être présentée à la cour? et
alors Dieu sait ce que deviendront les belles résolu-
tions du pauvre homme : car ce que femme veut.....
Je m'arrête, je n'en finirais pas si je voulais énu-
mérer tous les côtés faibles de celui qui a le malheur d'être électeur ou député (1). A côté de cela, si

(1) Qu'on ne croie pas que je m'arrête à bout d'arguments, j'en
passe et des meilleurs; en effet, quel curieux chapitre on pourrait
faire sur les petites vanités de notre pauvre nature humaine, vanités qu'une cour, fût-elle des plus bourgeoises, trouve toujours moyen
de satisfaire! ainsi quand on pense qu'une femme comme Mme de

l'on réfléchit que le ministre a la libre disposition de toutes les places dans les administrations, la justice et l'armée, qu'il tient la corne d'abondance d'où s'é-chappent bureaux de poste, bureaux de tabac, bour-ses, demi-bourses, chemins de fer, canaux, églises, écoles, bibliothèques, etc., etc., on avouera qu'il fau-dra qu'il joue de malheur s'il ne gagne pas celui qu'il voudra gagner. Aussi, bien souvent, après être tombé dans le piége, l'excellent ministériel ne se doute pas encore qu'il y a été pris et, aveuglé par le double ban-deau de son amour-propre et de ses intérêts maté-riels satisfaits, il dit et croit de bonne foi que s'il suit la route du ministère, c'est parce que sa raison lui a montré que c'était la meilleure à suivre. Le ministre lui-même ne croit pas faire mal en préférant à ses ennemis les amis qui l'ont porté au pouvoir, en don-nant satisfaction à leurs prétentions légitimes; (eh! quelles prétentions ne semblent pas légitimes dans la bouche d'un ami qui vous a rendu service?) Il faut bien qu'il ménage ses partisans actuels et cherche à s'en faire de nouveaux, pour combler le vide des dé-fections inévitables; et, dominé par cette préoccupa-tion puissante, il ne s'aperçoit pas qu'il sacrifie la ca-

Sévigné perdit presque l'esprit pour avoir dansé le menuet avec Louis XIV, et ne put de plusieurs jours aborder quelqu'un sans lui dire : « Ah! le grand roi que nous avons! », on n'a pas de peine à s'imaginer comment la tête peut tourner à un pauvre petit député qui n'est pas tenu d'apporter de sa province tout l'esprit de Mme de Sévigné, quand il dîne avec les ministres, quand il est cajolé par Leurs Excellences, quand, le roi, le roi lui-même, le reçoit au bal de la cour et l'y reçoit en habit noir et sans gants; bien fou alors qui s'é-tonnerait de le voir se mettre à crier avec les autres : Ah! le grand ministère que nous avons!

pacité à la faveur. Il semble qu'une fois dans l'atmos-
phère du pouvoir les choses changent pour nous de
forme et de couleur, ou plutôt on dirait que de ces
régions élevées nous ne pouvons plus regarder les
choses autrement que comme le chat de la fable, c'est-
à-dire par le gros bout de la lorgnette ; par exemple,
nous croyons que M. Guizot et M. de Salvandy ne di-
raient plus, aujourd'hui qu'ils sont au pouvoir, ce qu'ils
disaient à une autre époque, où ils regardaient d'une
région moins élevée la corruption de nos institutions;
M. Guizot n'écrirait plus : *Il est des gouvernements*
qui s'efforcent de suppléer à la force par l'astuce, et de
corrompre les institutions qu'ils sont contraints de
subir; M. de Salvandy ne permettrait plus à sa
plume de tracer ces mots accusateurs : *On se récrie*
sur le maintien des formes constitutionnelles, vous ne
les avez pas détruites; en effet, vous avez fait quelque
chose de pis : vous avez imité ces juifs d'un siècle bar-
bare qui, dans leur haine contre la population chré-
tienne, imaginaient de la perdre au moyen des fon-
taines publiques; ne pouvant les tarir et n'osant les
abattre, ils avaient pris le parti de les empoisonner.
Sans rien préjuger, il est probable que M. Thiers et
M. de Rémusat, dont les yeux, aujourd'hui dessillés,
aperçoivent la corruption dans toute sa laideur, feraient, s'ils revenaient au ministère, ce qu'ils ont fait
quand ils s'y sont trouvés, c'est-à-dire reprendraient
la lorgnette par le gros bout.

Cependant la corruption grandit sans cesse de plus
en plus, et, après avoir longtemps marché souterrai-
nement, elle marche aujourd'hui la tête levée et au
grand jour : certains députés, selon l'énergique expres-

sion de M. Duvergier de Hauranne, en arrivent *à aimer le gouvernement représentatif comme ils aiment
leurs champs, comme ils aiment leurs maisons, pour
la récolte qu'ils y font, pour le produit qu'ils en
tirent*, et il s'est trouvé un ministre pour dire à la
tribune que la magistrature suprême du pays, le
ministère, n'était qu'une légitime occasion de faire
ses propres affaires en faisant, tant bien que mal,
celles de la France. D'un autre côté, quand on voit
toutes les places réservées à la faveur au détriment
de la capacité sans appui; quand on voit les fonctionnaires remplir la chambre des députés et se
presser à ses portes, dans la persuasion (malheureuse-
ment trop légitime) qu'un travail consciencieux et opi-
niâtre ne mène à rien, tandis que la députation est un
moyen infaillible d'avancer rapidement; quand on
voit les ministres obligés, pour satisfaire toutes les
ambitions, de morceler sans cesse le travail dans les
administrations, à ce point d'y avoir introduit trente
mille fonctionnaires nouveaux depuis 1830, et de
mettre de côté dès qu'ils ont atteint l'âge strict de la
retraite les fonctionnaires qui ont rendu le plus de
services à l'État et pourraient encore lui en rendre de
nouveaux (1), alors on se prend à désespérer de l'ave-

(1) Entre mille exemples je citerai le suivant: Un intendant militaire
dont tout le monde appréciait le zèle et la capacité, dont le ministère
lui-même utilisait l'infatigable activité, il y a un an, dans l'instruction
de la difficile affaire Bénier, et, il y a quelques mois à peine, dans
une longue et pénible inspection des places fortes du Nord, vient
d'être brutalement mis à la retraite par ce même ministère. Accuse-
rons-nous celui qui brûle aujourd'hui ce qu'il adorait hier? Mon Dieu,
non! Ce pauvre ministère n'a-t-il pas fait tout ce qu'on pouvait espérer de lui en attendant l'âge légal de la retraite pour mettre la

nir de la France; alors aussi le pays, énervé sous cette
influence démoralisante, le pays qui a vu croître le
mal à chaque changement de ministère, accepte ce
funeste état de choses comme une conséquence forcée
du gouvernement représentatif, et se résigne à to-
lérer ceux qui sont aujourd'hui au pouvoir, aimant
mieux avoir à supporter les repus qu'à repaître les be-
sogneux; alors enfin les classes laborieuses, qui n'es-
timent rien autant dans les gouvernants que la probité et qui leur entendent reprocher chaque jour
d'être corrupteurs et corrompus, les classes laborieuses qui, restant en dehors du mécanisme représentatif, font passer les questions sociales bien avant les
questions politiques, et qui voient les députés ne faire
trève aux combats de portefeuille entre M. Thiers et
M. Guizot que pour leur imposer des lois comme la
loi des livrets ou la loi des prud'hommes, des lois qui,
à tort ou à raison, les blessent profondément, les classes laborieuses, disons-nous, en viennent à prendre
en haine et en mépris un gouvernement qui n'a
pas l'estime du pays, un gouvernement qui leur
semble basé sur l'exploitation du pauvre par le riche,
et, lasses de souffrir sans voir soulager leurs souf-
frances, elles rêvent l'avènement d'un ordre social

main sur cette bonne place d'intendant? Comment, il est accablé
de sollicitations sans nombre; il n'a pas une place pour cent candidats et vous voudriez qu'il ne saisît pas aux cheveux toute occasion
de disposer d'un bon traitement! En vérité, c'est se montrer bien
exigeant envers lui et il ne manquerait plus que de lui reprocher de
se priver des services d'un bon employé et de charger le budget
d'une retraite de dix mille francs, fort inutile assurément? Mais quoi!
ne faut-il pas que tout le monde vive et surtout le gouvernement à
bon marché?

meilleur et la ruine des institutions actuelles. — Or, tandis que de jour en jour le pays retire une à une au pouvoir son affection, sa confiance et son estime, les ministres, voyant incriminer tous leurs actes, bons ou mauvais, se reposent sur ce qu'une fois on les a accusés injustement pour croire qu'on les blâme toujours à tort; fatigués d'entendre la voix importune de la presse les mettre chaque jour au pilori de l'opinion publique, ils cherchent à se débarrasser de cet Argus aux cent yeux, et, pour défendre le gouvernement constitutionnel, en arrivent à recourir à des mesures presque inconstitutionnelles.

Cette situation anormale est aussi funeste au pouvoir lui-même qu'au pays, et elle ne saurait durer sans nous mener de chute en chute à la plus triste des révolutions, *à la révolution du mépris;* c'est donc une pressante nécessité, un devoir impérieux pour tous les hommes de conscience, à quelque parti qu'ils appartiennent, d'apporter tous leurs efforts à faire cesser au plus tôt un pareil état de choses, à rendre possible la sincère représentation du pays, par la disparition rapide et complète de la corruption, cette lèpre démoralisante qui finirait par attaquer les parties vitales de notre ordre social. Le pays tout entier a compris qu'il était temps enfin de secouer sa torpeur, et, pour montrer au pouvoir qu'il est las de ce déplorable état de choses, il a levé partout le drapeau de la réforme ; grâce à ce que ce mot de *réforme* a de vague et d'indéfini, toutes les opinions ont pu se réunir sous le même drapeau pour protester au nom de la France contre la corruption qui l'épuise.

C'est cette répulsion contre la corruption, répulsion aujourd'hui si vive, si unanime, qui, en 1842, avait poussé la chambre des députés à ordonner une enquête, mesure nécessairement inefficace puisqu'elle ne peut constater et punir que la moins dangereuse et la moins commune des corruptions, la corruption à prix d'argent; c'est encore elle qui a fait entreprendre à quelques journaux une pénible et difficile croisade contre les abus administratifs, croisade qui a eu son utilité, puisqu'elle a donné l'éveil au pays, mais que les lois de septembre empêchent d'aller bien loin, et de produire des résultats un peu efficaces.

Il est temps pour combattre un mal aussi intense, aussi invétéré que la corruption, de recourir à des moyens plus énergiques, et c'est ce qu'ont pensé ceux qui ont proposé l'adjonction des capacités, les incompatibilités, la réforme électorale. Nous examinerons successivement chacune de ces mesures, nous en ferons voir les résultats, et ensuite nous chercherons s'il n'en existe pas quelque autre plus efficace (ou du moins aussi efficace), contre laquelle ne puissent se reproduire ces éternelles fins de non-recevoir qu'allègue sans cesse le ministère, afin de se dispenser d'entrer dans la voie des améliorations qui amèneraient la sincérité du gouvernement représentatif.

DES INCOMPATIBILITÉS.

Sans doute il faut déplorer que près de la moitié des députés (193 sur 459) dépendent du ministère, en ce qu'ils attendent de lui seul leur avancement et souvent même la conservation de leurs fonctions ; sans doute

on peut s'alarmer de voir que certains membres de la
chambre des députés, représentant forcément par
leur position l'opinion particulière de la couronne,
compromettent du poids de leurs votes l'équilibre des
trois pouvoirs; sans doute il faut s'opposer à ce qu'on
fasse plus longtemps le sacrifice de la masse des fonctionnaires non députés à leurs heureux collègues,
qui ont su se faire de la députation un marche-pied
pour gravir rapidement les échelons de la hiérarchie
administrative. Aussi nous ne pouvons qu'applaudir à
ceux qui, dans la crainte de voir bientôt le gouvernement représentatif faussé par la dépendance de la majorité des députés, ont cherché les moyens de restreindre dans la chambre le nombre des fonctionnaires; aussi nous comprenons qu'on ait voulu priver
le fonctionnaire-député de tout avancement pendant
le cours d'une législature; aussi nous comprenons
qu'on l'ait soumis à la réélection en cas d'avancement
pendant la durée de son mandat législatif, (quoique,
sous le règne de la corruption, cette garantie soit illu-
soire, puisqu'alors les électeurs, regardant le député
comme un entremetteur entre eux et le ministre, le
rééliront d'autant plus facilement qu'une plus haute
fonction le mettra à même de servir plus efficacement
leurs intérêts); de même encore nous comprendrions
qu'on lui nommât un suppléant et qu'on allouât son
traitement à ce suppléant, quand il ne peut remplir à
la fois ses doubles devoirs de député et de fonctionnaire. Mais si nous approuvons qu'on cherche ainsi
à restreindre le nombre des députés fonctionnaires;
si, contrairement à l'opinion de M. Guizot, nous
pensons qu'un fonctionnaire ne peut jamais être des-

titué à cause de son vote, mais que loin de là, à la chambre comme au jury, il doit consulter sa conscience seule et non regarder de quel côté souffle le vent du pouvoir, nous croyons aussi qu'on ne peut décréter l'exclusion complète, ou même partielle, d'une classe de citoyens, sans de graves inconvénients, et surtout sans porter atteinte au droit le plus sacré de l'électeur, à la liberté du choix, liberté qui devrait être absolue et à laquelle le cens d'éligibilité a déjà porté un si rude coup. Que ceux-là qui ont imaginé le cens d'éligibilité demandent encore cette exclusion, nous le comprendrons, mais que ce soient les défenseurs de nos libertés qui fassent cette demande, c'est une inconséquence qui n'a d'excuse que dans la grandeur du mal auquel ils veulent porter remède.

Supposons un instant que la chambre consente à se priver du concours éclairé des hommes spéciaux qu'elle emprunte à la diplomatie, à l'armée, à la marine et aux administrations, que lui restera-t-il? des avocats, des journalistes, des professeurs, des membres du conseil de l'instruction publique, des hommes vivant tous de leur parole ou de leur plume; eux seuls en effet, grâce à la longueur des législatures, peuvent être députés sans négliger leurs affaires, peuvent supporter les frais d'un séjour à Paris pendant cinq années consécutives. Eh bien! je vous le demande, ces hommes qui excellent à traiter une question dans ses généralités, que feraient-ils, une fois privés du concours des hommes spéciaux qui savent aller au fond des choses? Ils effleureraient tout sans rien creuser; ils ne feraient pas même de beaux discours, car il n'y aurait personne pour leur en préparer la matière. Aussi, à la place de l'opposition, ce ne serait pas à une mesure aussi illibérale, aussi désastreuse que les incompatibilités, que nous recourrions pour empêcher l'invasion complète de la chambre par les fonctionnaires; ce serait, au contraire, à la suppression du cens d'éligibilité et au salaire des députés; mais, sans recourir à ces moyens qui paraîtraient révolutionnaires à nos gouvernants, nous croyons qu'il serait encore possible de diminuer sensiblement le nombre des fonctionnaires-députés; il suffirait, en effet, d'une mesure qui, supprimant la corruption, augmentât le nombre des candidats à la députation et empêchât le mandat législatif de devenir un brevet d'avancement scandaleux.

DE LA RÉFORME ÉLECTORALE,

par l'abaissement du cens, par l'adjonction des capacités.

En 1831, la chambre de 1830, qui avait bâclé une révolution, une charte et un roi, voulant faire renouveler ses pouvoirs par la nation, bâcla encore une loi pour fixer le mode d'élection. Cette loi que tout le monde, depuis le ministre jusqu'au rapporteur, s'empressait de déclarer provisoire, cette même loi nous régit encore en 1848, et cependant l'un de ses moindres défauts est de faire nommer la majorité des députés par la minorité du nombre, de la richesse et de l'intelligence; ainsi 51 électeurs enverront un député à la chambre, tandis que dans un autre collége 1,400 électeurs, donnant leurs suffrages à un candidat, n'en feront pas un député; ainsi 92,000 électeurs nomment 284 députés et 128,000 n'en nomment que

175.; ainsi, sur les 405,637,693 francs formant le total des quatre contributions directes, la somme de 208,411,820 fr. est payée par la portion du territoire qui nomme 181 députés, et celle de 197,425,873 fr. par la portion du territoire qui en nomme 278 ; ainsi, enfin, il résulte des documents de la statistique que, dans cette singulière répartition, les colléges les plus maltraités sont justement les grands centres d'instruction et d'intelligence, qui sont en même temps ceux de la richesse (1).

On peut voir combien de facilités donne à la corruption un pareil état de choses, où les grandes villes sont sacrifiées aux petites localités, où l'électeur le plus instruit, le moins accessible aux tentations, voit son vote peser trente fois moins dans la balance électorale que celui de l'électeur le moins capable, le plus exposé à subir les influences locales. Si l'on pouvait douter que la corruption ait profité de la répartition arbitraire des électeurs dans les colléges, les chiffres suivants seraient significatifs :

AUX DERNIÈRES ÉLECTIONS

Dans les colléges qui ont moins de 400 électeurs,
le ministère a eu 113 nominations,   l'opposition 59;

Dans les colléges de 400 à 500 électeurs,
le ministère a eu 113 nominations,   l'opposition 93;

Dans les colléges au-dessus de 800 électeurs,
le ministère a eu 30 nominations,   l'opposition 31 (2).

(1) Charles de Lesseps, *De la loi électorale.*
(2) Duvergier de Hauranne, *De la Réforme électorale et parlementaire.*

A ces chiffres, nous nous contenterons d'ajouter une simple observation, c'est qu'à Paris, où les électeurs sont plus nombreux et plus instruits que dans presque tous les colléges de France, sur douze nominations, dix appartiennent à l'opposition. Nous comprenons qu'en présence de semblables résultats l'opposition demande que pour nommer les députés, les électeurs se réunissent en nombre considérable au chef-lieu du département; mais, à part la difficulté qu'il y aurait à faire venir, à jour fixe, des quatre coins du département, des électeurs peu soucieux de quitter leurs affaires pour aller voter, à part la tentation que cette difficulté même donnerait au candidat de transporter et d'héberger les électeurs à ses frais, le vote au chef-lieu, qui n'est que le premier pas vers l'élection de tous les députés par tous les électeurs, amènerait inévitablement l'écrasement de toutes les minorités par la majorité, quelle qu'elle fût. La loi vînt-elle en aide à la tiédeur de l'électeur en le forçant à se rendre au chef-lieu pour y déposer son vote, comme elle le force d'y aller remplir ses devoirs de juré, nous ne pourrions donc approuver le vote au chef-lieu, parce que nous croyons respectable le droit des minorités, et que nous ne voulons pas faire à la majorité d'aujourd'hui le sacrifice de la majorité de demain. Cependant nous admettons qu'il faille accorder aux colléges électoraux un nombre de nominations proportionnel au nombre des électeurs qui les composent; nous trouvons juste qu'on élève de 150 à 4 ou 500 le minimum d'un collége électoral; mais il s'agit de savoir sur quelle base on s'appuiera pour arriver à un chiffre convenable. Si l'on y veut arriver par l'abaissement du cens ou par sa suppression, nous déclarons franchement que cette mesure nous semble absolument mauvaise, parce que le cens est une mauvaise base d'opérations, parce que le cens n'est pas le signe réel de la capacité. Certes, il semble qu'il y ait présomption de capacité pour celui qui paie 200 francs d'impôts, parce que sa position sociale lui a donné le moyen d'acquérir une instruction suffisante; mais combien de fois les faits ne viennent-ils pas démentir les déductions du raisonnement? combien ne voyons-nous pas de ces électeurs qui ont manqué de volonté ou de capacité à ce point de n'avoir pas même appris à lire et à écrire? Et cependant on trouve que ces hommes sont aptes à concourir à l'élection des représentants de la France, tandis qu'on écarte comme incapables un médecin, un bachelier. — Pour compléter le contingent des colléges électoraux, on veut abaisser le cens; comment ne voit-on pas que plus on l'abaissera, plus s'accroîtront dans une effrayante progression les chances d'incapacité, les chances de corruption? oui, de corruption, car si alors il se trouve plus d'avidités à satisfaire, plus d'électeurs à gagner, ces ambitions seront plus modestes, ces hommes seront gagnés à plus vil prix, et, comme l'a dit M. de Cormenin, entre l'état de choses actuel et le suffrage universel, *entre le censitaire et le manouvrier il n'y aura que la différence du champagne à la piquette.* Sans doute, nous l'appelons de nos vœux le jour où tout homme sera vraiment capable de concourir à l'élection des députés, de jeter dans la balance le poids d'un vote consciencieux et réfléchi; sans doute, nous sommes le premier à con-

2

jurer le pays de hâter de tous ses efforts le moment où tous ses enfants, depuis le premier jusqu'au dernier, seront gratuitement dotés d'une large éducation primaire ; où tous ses enfants lui viendront apporter leur concours éclairé et reconnaissant ; mais espérer de bons résultats de l'abaissement du cens ou de sa suppression pure et simple , c'est, nous le croyons, se tromper gravement, et donner contre soi des armes dangereuses à ceux qui , profitant du monopole électoral, ne veulent pas qu'on touche à l'arche sainte.

L'adjonction des capacités , telle que la demande aujourd'hui M. Duvergier de Hauranne , telle que la demandait en 1826 M. Guizot, l'adjonction des capacités, réduite à la seconde liste du jury, au barreau et à la Faculté de médecine, remédierait-elle au mal que ne saurait détruire l'abaissement du cens ? En vérité , poser la question , c'est la résoudre : quel bien pourrait résulter d'une mesure qui, n'introduisant dans le corps électoral qu'un nombre insignifiant de nouveaux membres , n'en modifierait pas sensiblement la composition ? qui ne voit que ce serait un moyen offert au gouvernement d'éviter par un sacrifice apparent les sacrifices réels et sérieux qu'il sera un jour obligé de faire aux intérêts non représentés?

Aujourd'hui la Chambre des députés représente exclusivement l'intérêt de la propriété, et, si par hasard l'intelligence et le travail trouvent dans son sein quelques représentants bénévoles, ces défenseurs officieux des intérêts non représentés n'en restent pas moins avant tout les mandataires de la propriété, car c'est le cens d'éligibilité que leur a ouvert la Chambre, où les ont envoyés des électeurs censitaires. Selon nous , pour que la Chambre des députés soit réellement la représentation de la France, il faut qu'elle représente également tous les intérêts, les intérêts du travail aussi bien que ceux de l'intelligence et de la propriété. Si l'on veut que le corps électoral se complète, il faut qu'il ouvre ses rangs aussi bien aux capacités pratiques qu'aux capacités théoriques, aussi bien à l'ouvrier représentant du travail qu'à l'avocat ou au médecin représentant de l'intelligence. Ah! qu'on entende ainsi l'adjontion des capacités, qu'on agrandisse de la sorte son programme restreint et nous le signerons des deux mains, car il vaudra la peine alors que l'on combatte et que l'on se dévoue pour le faire accepter. Les capacités théoriques sont en général faciles à constater, et un grand nombre se trouvent déterminées d'avance par un diplôme ou une élection préalable ; ainsi pour les avocats, les médecins, les bacheliers ès-lettres, les conseillers municipaux, les maires, les conseillers d'arrondissement, les officiers de la garde nationale, etc. Les capacités pratiques, au contraire, sont plus difficiles à déterminer, et comme, à part les prud'hommes, les chefs d'ateliers et contre-maîtres, on n'a pas de raison d'appeler plutôt les uns que les autres à être électeurs, on n'appelle personne, pour n'avoir pas à appeler tout le monde. Cependant on pourrait, en gardant le système du *laissez faire, laissez passer*, établir pour les classes laborieuses des examens de capacité où les prud'hommes, par exemple, seraient examinateurs; ou bien si, par impossible, le pouvoir, cédant aux vœux de tous les penseurs, aux aspirations des masses, se décidait à associer les ouvriers, à organiser l'industrie, (sans

parler des incalculables avantages qui en résulteraient
d'ailleurs) on trouverait alors dans la hiérarchie élec-
tive des industries les éléments nécessaires pour constater les capacités pratiques ; alors on pourrait facilement donner au travail une représentation égale à
celle de l'intelligence et du capital, mais limitée de
façon à ce qu'un élément trop nombreux ne vînt
pas écraser les autres. Nous croyons que le temps
n'est pas loin où ces graves questions seront mises à
l'ordre du jour, où électeurs et députés rivaliseront
tous d'ardeur pour en trouver la solution ; mais nous
pensons que, pour arriver à avoir la réalité du gouvernement représentatif, il faut commencer par rendre à ce gouvernement sa sincérité, que, pour amener
les électeurs et les députés à se préoccuper sérieuse-
ment des questions sociales, des questions générales,
il faut d'abord les délivrer des préoccupations de l'intérêt privé, par la complète disparition de la corruption.

Nous venons d'examiner successivement les moyens
qu'on a jusqu'ici proposés pour arriver à ce résultat,
et nous croyons avoir démontré que les incompatibilités seraient une atteinte nouvelle et désastreuse à
la liberté du choix de l'électeur ; que le vote au chef-
lieu, fût-il possible, amènerait l'écrasement des minorités par la majorité ; que l'abaissement du cens in-
troduirait dans le corps électoral autant d'incapables
au moins que de capables et ne serait pas un obstacle
sérieux à la corruption. Enfin l'adjonction des capacités théoriques et pratiques n'aurait pas de chances
de se faire accepter par les hommes circonspects qui
sont aujourd'hui au pouvoir. Nous allons à notre tour
donner notre solution.

PROPOSITION.

La France ne s'est pas encore sentie vivre de la vie politique ; une fois tous les cinq ans on la voit bien s'agiter, en proie à une surexcitation fébrile, pour retomber ensuite dans la torpeur et l'indifférence; mais ce n'est pas là la vie, ce n'est que le galvanisme passager d'un corps tombé en léthargie. C'est une vie nouvelle qu'il faut lui infiltrer par tous les pores, c'est une vie de place publique dont il faut faire entrer les habitudes dans nos mœurs de manière à ce qu'elles n'en puissent plus disparaître. Pour que les moyens de corruption deviennent impuissants aux mains des ministres, il faut que les ministres aient sans cesse à corrompre et qu'ils n'aient pas le temps de combler le déficit de la corruption; pour que toutes les classes, tous les partis fassent à l'amour du pays le sacrifice de leurs haines, de leurs préventions mutuelles, pour qu'une sainte communauté d'idées et de sentiments puisse s'établir entre les députés et les électeurs, entre les électeurs et les non électeurs, il faut que tous, acteurs ou spectateurs, apprennent à s'intéresser à la lutte électorale ; il faut que la France soit toujours sur les hustings. Voulez-vous donc des élections annuelles ? s'écriera-t-on, alors vous aurez une Chambre toujours occupée à faire son apprentissage aux affaires, une Chambre qui, par ses continuels tâtonnements, ses inévitables changements de direction, laissera tous les intérêts en souffrance et arrivera en fin de compte à l'immobilité complète. L'objection est grave et nous en comprenons toute la force; aussi, tout en persistant à demander des élec-

tions annuelles, nous voulons éviter, non seulement
ces inconvénients, mais ceux mêmes du noviciat que
nos chambres actuelles ont à faire au moins tous les
cinq ans. Nous y arrivons en appliquant au renouvellement du parlement le procédé du renouvellement
des tribunaux de commerce, ou plutôt en rendant à
la Chambre son ancienne constitution, à cette différence que nous substituons au renouvellement par
cinquième le renouvellement par moitié. De cette manière chaque année la moitié de la France aura à
faire ses élections, et si le pays se trouve en dissenti-
ment avec ses représentants, il pourra leur imposer sa
volonté. Mais, nous dira-t-on, à quoi bon changer ce
qui existe? Si le pays aujourd'hui veut imposer sa
volonté à la Chambre, il n'a qu'à le vouloir cinq ans :
oui sans doute s'il peut le vouloir ; mais il ne le peut
pas ! L'esprit français, qui se passionne ou s'irrite si
vivement, ne garde pas longtemps son enthousiasme
ou sa colère; s'il renverse et brise une résistance énergique, il se lasse vite lorsqu'il a à combattre une
force d'inertie ; une temporisation habile lui fait
oublier pour une nouvelle idée l'idée qui le passion-
nait la veille. Demander des élections annuelles
c'est donc faire la part du caractère français,
c'est rendre impossibles ces défections scandaleuses,
qui compromettent aux yeux des étrangers, aux
yeux aussi des classes non représentées, la moralité
du pays légal, ces brusques changements de parti
d'hommes sans convictions politiques qui, dès que
l'intérêt le leur commande, mettent leur drapeau
dans leur poche et, au moment du combat, passent
à l'ennemi avec armes et bagages.

Avec les élections annuelles, le ministère renonce forcément à la corruption comme trop coûteuse, trop flagrante ; car, quel ministère serait assez riche pour acheter tous les ans la moitié de la France? quel ministère assez effronté pourrait chaque année donner à ceux qu'il veut gagner, les places des corrompus de l'année précédente? Et alors, du moment que les candidats à la députation ne peuvent plus escompter la reconnaissance du ministère, ils cessent de leurrer les électeurs de ces promesses éblouissantes de chemins de fer, d'écoles, d'églises, de ponts, de bibliothèques dont il leur est déjà si difficile de se tirer aujourd'hui, qu'ils ont cinq ans devant eux pour tenir leur parole, ou pour faire naître les occasions de la dégager honnêtement ; alors aussi, du moment où il est reconnu qu'on ne peut rien obtenir par faveur du ministère, le député cesse d'être l'entremetteur obligé entre les électeurs et le ministre. De cette manière la corruption disparaît par la force des choses, — sans loi de prohibition ou de répression, qui donnerait aux faveurs illégales tout l'attrait du fruit défendu, et dont nos députés légistes trouveraient toujours moyen d'éluder ou de tourner les proscriptions, — sans loi de suspicion qui, frappant les fonctionnaires, n'aurait aucune chance d'être votée de bonne grâce par les fonctionnaires ; elle disparaît sans léser aucun des intérêts existants, sans demander aux électeurs d'imposer eux-mêmes au pouvoir le sacrifice de leur propre monopole, sans compromettre enfin la réélection des députés qui auront pris parti contre la corruption ; elle disparaît au grand avantage de tous : du pays dont la moralité y gagne, de l'électeur dont la dignité se relève, du député et du ministre qui, ne pouvant plus rien pour les particuliers, se trouvent débarrassés de ces sollicitations sans nombre aussi difficiles à satisfaire que dangereuses à écarter.

Est-il nécessaire d'insister sur les résultats qu'aura pour la France la disparition de la corruption ? Qui ne voit que les ministres, ne pouvant plus dans l'intérêt même des députés fidèles, leur rien accorder par faveur, voudront éviter jusqu'à l'apparence du soupçon, que par la seule force des choses ils seront amenés à mettre les places au concours, et à ne prendre pour guide dans la répartition du budget que l'importance relative des localités ? Montrerons-nous les ministres obligés de chercher dans tous leurs employés, depuis le préfet jusqu'au garde champêtre, à défaut des qualités de courtiers d'élections, les qualités propres de leur emploi ? Dirons-nous que, forcés de s'appuyer sur le pays, ils chercheront à alléger les charges de l'impôt en faisant appel à tous les capitaux improductifs, en recourant à l'emprunt qui, loin d'être alors une prime assurée d'avance à tel ou tel banquier, ne sera qu'un moyen de diviser le capital social en coupons à la portée de toutes les bourses, etc., etc. — Ces vérités frappent les yeux, elles sont comprises d'avance de tous ceux qui désirent la disparition de la corruption ; nous croyons donc ne pas devoir nous y arrêter plus longtemps, afin de présenter quelques conséquences qui, sans se renfermer dans la question de corruption, découlent directement de notre mesure.

Avec les élections annuelles, la France, tenue sans cesse en haleine, ramenée sans cesse par la presse au spectacle de la lutte électorale, apprend à s'intéresser à cette lutte, s'accoutume à en suivre avec anxiété toutes les péripéties et se forme ainsi peu à peu au régime représentatif. Un grand nombre d'électeurs censitaires, qui se tiennent aujourd'hui à l'écart, apprennent à devenir jaloux de leurs droits électoraux, à mesure qu'ils arrivent à en comprendre la valeur; et, comme l'essence de tout mouvement est de se communiquer de proche en proche, tous les citoyens en viennent à considérer comme un honneur de concourir à un degré quelconque au gouvernement du pays par le pays; personne ne veut avoir un droit sans vouloir en même temps s'en servir, et ceux-là même qui ne sont point appelés à donner leurs voix pour l'élection des députés comprennent que l'élection d'un officier de la garde nationale, d'un conseiller municipal, d'un conseiller d'arrondissement ou d'un conseiller-général, a aussi son importance dans un gouvernement représentatif. Ainsi l'initiation de la France à la vie politique se trouve être une conséquence directe de la fréquence des élections, avantage immense que, dans l'état actuel de nos mœurs, on n'obtiendrait pas d'une réforme électorale basée sur l'abaissement ou la suppression du cens, car s'il est vrai qu'une loi électorale plus large augmenterait considérablement sur le papier le nombre des électeurs, il est vrai aussi qu'elle arriverait difficilement à leur inspirer le désir d'user de leurs droits électoraux.

Avec les élections annuelles chaque année, sous la pression énergique des sentiments qui agiteront la France quand elle aura la moitié de ses représentants à élire, sous l'impulsion de la presse qui dressera tous

les ans, pour le pays, le bilan de ses représentants,
les députés sentant que leur mandat expire l'année
suivante, arriveront à comprendre la nécessité de
venir entre les deux sessions devant ceux qu'ils repré-
sentent (électeurs ou non électeurs) exposer leur con-
duite passée et chercher des conseils pour leur con-
duite à venir, et alors, grâce à cette sorte de contre-
représentation annuelle, la chambre des députés
pourra vraiment se dire la sincère représentation du
pays.

Avec les élections annuelles, les législatures étant
plus courtes, plus d'hommes pourront aspirer à la
députation, parce que la dépense de temps et d'argent
sera deux fois et demie moindre, et, parmi eux, on
verra se présenter aux suffrages des électeurs tous
ceux qui répugnent aujourd'hui à se faire de la députation une carrière. Les candidats, ne pouvant plus rien
promettre au nom du ministère actuel ou du ministère
futur, ne se présenteront plus sous le drapeau d'un
homme, mais sous la bannière d'une idée ; ils seront
obligés de creuser les questions pour apporter aux
électeurs des idées nouvelles, et ils ne pourront se
faire préférer à leurs concurrents qu'en faisant un
plus large appel à ces sentiments généreux qui comme
une flamme électrique jaillissent des grandes réunions
d'hommes. De cette manière, les cœurs s'ouvriront
aux nobles aspirations, on cherchera si l'on ne pourrait pas octroyer à tous une large éducation primaire,
s'il n'y aurait pas moyen d'assurer le pain quotidien,
non pas seulement à l'ouvrier valide, mais encore au
malade, à l'infirme, au valétudinaire; on se de-
mandera si l'on ne pourrait pas concilier les intérêts

qui semblent opposés et si enfin la solution de tous
ces problèmes vitaux ne serait pas dans l'organi-
sation de l'industrie, dans l'association de ces classes
laborieuses qui ne demandent que l'occasion d'être
reconnaissantes, de ces classes laborieuses que
deux années consécutives de disette, sous le régime
de la libre concurrence, mettraient dans la déplorable nécessité de mourir en combattant, ne pouvant plus vivre en travaillant. Les députés réaliseront
les généreuses aspirations des électeurs, discuteront
et résoudront les problèmes posés dans les assemblées
électorales, et alors les classes laborieuses, voyant
qu'on s'occupe d'assurer leur vie, d'agrandir leur intelligence et leur cœur, se prendront à aimer ceux
qui gouvernent la France et attendront patiemment
le jour où il leur sera donné de prendre part à leur
tour au gouvernement représentatif. Alors aussi les
électeurs comprendront qu'en croyant se dévouer,
ils ont servi leurs intérêts mêmes et qu'il y a profit
pour tous à ce que justice soit rendue à tous; ils
verront — que ce que la corruption leur donnait
d'une main, elle le leur reprenait de l'autre, —
que ces places qu'ils obtenaient par faveur, leurs enfants, presque les seuls aujourd'hui qui soient dotés
d'une éducation libérale, en obtiendront la plus grande
partie en vertu de leur capacité, — que ces chemins de fer, ces écoles, ces églises que la corruption
leur donnait, ils les obtiendront d'une répartition
équitable du budget, parce qu'il est de l'intérêt de tous
que les populations s'enrichissent, s'instruisent et se
moralisent; ils verront que le pauvre ne peut fortifier
son corps, agrandir son intelligence sans que l'indus-

trie se perfectionne, sans qu'il en résulte un bien être plus grand pour la classe aisée ; ils verront enfin qu'en travaillant pour tous, ils ont en même temps travaillé pour eux-mêmes, et comme d'un autre côté l'ouvrier réfléchira qu'un maître , lorsqu'il est équitable , n'est pour lui que l'équivalent d'un gérant (1), comme il

(1) Supposons un instant le rêve des classes ouvrières réalisé ; supposons qu'il n'y ait plus sur la terre que des ouvriers, pas un seul maître, il faudra bien que les ouvriers nomment des gérants pour faire les opérations commerciales, pour tenir la comptabilité ; ces gérants, il faudra les payer sur le bénéfice du travail commun ; sur ce bénéfice, il faudra encore prélever les manques de gain, les pertes, le prix d'achat et de remplacement des instruments de travail, la perte des intérêts de ce prix, le loyer des ateliers, les contributions et impositions de toute nature, les réparations et accidents de toute sorte, incendies, inondations, etc., etc. Cela ne veut pas dire que l'association ne soit de beaucoup préférable à la libre concurrence, mais seulement que, sous le rapport exclusivement matériel, un maître équitable peut être comparé à un gérant, à cette différence que l'ouvrier, paie les fautes de son gérant, supporte les malheurs qui frappent son industrie, tandis qu'il n'est pas entraîné dans la ruine du maître. Cela prouve encore que lorsque les ouvriers, ne se rendant pas compte de toutes les charges qui pèsent sur le maître, forment contre lui une coalition, ils agissent le plus souvent contre leur propre intérêt ; en effet, si le salaire qu'ils exigent est trop élevé, ils placent le maître dans la déplorable alternative de fermer sa maison ou de se ruiner en continuant de fabriquer avec une main-d'œuvre trop élevée ; dans les deux cas, ils se trouvent sans ouvrage un peu plus tôt, un peu plus tard ; et si l'un d'eux veut s'établir maître, il faut ou qu'il se ruine ou qu'il change les conditions du salaire. Supposons même que le salaire qu'ils ont obtenu du maître laisse encore un bénéfice raisonnable à celui-ci, si cette hausse rend le prix de la main-d'œuvre excessif, relativement à celui des autres industries, on cherchera à remplacer les produits de cette industrie par ceux d'une industrie où les salaires sont restés à plus vil prix, et les ouvriers payés plus cher manqueront d'ouvrage ; c'est, du reste, ce qui est arrivé après la hausse de salaire des charpentiers, beaucoup de con-

verra que les classes riches, loin de l'exploiter, font
d'immenses sacrifices pour lui assurer la vie du corps
et de l'âme, de toutes parts on s'apercevra que tous
les intérêts sont solidaires, que l'intérêt général n'est
que le développement normal et simultané de tous
les intérêts individuels; alors disparaîtront entre les
différentes classes de la société, qui se touchent déjà
jusqu'au point de se confondre presque, tous ces fer-
ments de haine et de discorde qui empêchent leur fusion. Dès lors le moment ne sera pas loin, nous le
croyons, où la bourgeoisie aura à son tour sa nuit du
4 août; mais comme, au lieu de s'épuiser à retarder
l'avénement du prolétariat, elle aura préparé cette
évolution pacifique de la société, elle n'aura point à
descendre, elle fera monter à elle, elle gagnera en
force et en sécurité ce qu'elle aura perdu en distinc-
tions puériles. L'avénement du prolétariat, on ne
peut le nier, est un fait plus ou moins prochain, mais
inévitable : *le flot des classes vives de la société monte*,
dit M. de Salvandy lui-même ; eh bien ! s'il monte
et grossit, il faut élargir le lit du fleuve pour le
recevoir, pour qu'il puisse passer sans déborder,
sans porter au loin la ruine et la désolation. Il
faut que la bourgeoisie, une fois en possession
de la vie politique, en fasse jouir graduellement les
classes laborieuses ; il faut qu'elle s'en serve elle-

structeurs ont substitué les charpentes en fer aux charpentes en
bois. La coalition des ouvriers est donc presque toujours injuste ;
elle n'est légitime que lorsque les maîtres se sont coalisés pour réduire les salaires, coalition impie qui ne saurait être trop sévè-
rement punie par la loi, car elle spécule sur la misère de l'ouvrier,
sur le pain quotidien de sa famille.

même pour améliorer le sort matériel et intellectuel
des classes déshéritées, pour introduire dans la représentation nationale les deux éléments de la capacité et du travail, à côté de l'élément de la propriété;
alors par une sage transaction entre des intérêts aujourd'hui prêts à s'entrechoquer, elle aura évité un
cataclysme effrayant, où des flots de sang humain auraient été versés, où une partie des richesses sociales
auraient été englouties sans retour; alors enfin, en
épargnant au pouvoir une sanglante répression ou au
communisme un déplorable triomphe, elle aura bien
mérité de la France, bien mérité de l'humanité entière.

Mais nous ne sommes pas encore sur la route
de l'avenir, et pour y entrer, il faut quitter le chemin
fangeux de la corruption; aussi, sans croire éloignée
la fusion pacifique des classes de la société, nous
nous bornons pour le moment à réclamer énergique-
ment la fréquence des élections, comme le moyen le
plus efficace de rendre la corruption impossible et de
faire vivre la France de la vie politique. Nous avons
montré que rendre la corruption impossible, c'est
substituer nécessairement les préoccupations de l'intérêt général aux préoccupations de l'intérêt privé,
mettre les questions de principes à la place des questions de personnes, et préparer le terrain aux ré-
formes d'utilité générale, aux mesures de la plus
large prévoyance sociale; nous avons fait voir aussi
qu'initier le pays à la vie politique, c'est l'attacher à
un gouvernement dont il comprend le mécanisme,
dont il découvre le but, c'est l'amener à vouloir la
représentation de tous les intérêts, c'est enfin relier

dans une communauté d'idées sans cesse croissante , le député à l'électeur, l'électeur au non électeur, le riche au pauvre , le maître à l'ouvrier , et effacer peu à peu dans le sentiment national cette distinction de classes qui survit encore à deux révolutions, malgré la loi civile, malgré la loi religieuse. En face de pareils résultats , nous croyons que ceux-là seuls repousseront notre proposition, qui ne rougissent pas d'exploiter effrontément la corruption; mais, grâce à Dieu, leur nombre n'est pas considérable, et c'est avec confiance que nous soumettons notre demande aux hommes consciencieux qui , à quelque parti qu'ils appartiennent, désirent comme nous la disparition de la corruption, la sincérité et la réalité du gouvernement représentatif.

Paris. — Imprimerie de Lacour, rue St-Hyacinthe-St-Michel, 33.